Petra Kummermehr (Hg.)

Entdecke die Quellen des Lebens

Petra Kummermehr (Hg.)

Entdecke die Quellen des Lebens

Texte zum Innehalten

Kaufmann Verlag

Bibliografische Information der deutschen Bibliothek

Die deutsche Bibliothek verzeichnet diese Publikation
in der Deutschen Nationalbibliografie; detaillierte bibliografische
Daten sind im Internet über http://dnb.ddb.de abrufbar.

1. Auflage 2014

Druck und Bindung: CPi books, Ulm
Umschlaggestaltung: Ingrid Bräuer, Cornelia Moser
Umschlagabbildung: ©Vera Kuttelvaserova – Fotolia.com
ISBN 978-3-7806-3145-9

Inhalt

Zuversicht

Dem Leben vertrauen

Geheimnis des Glücks

Das Glück in unserem Herzen finden

Schönheit des Lebens

Den Tag genießen

Vorwort

Es gibt Tage, an denen wir so beschäftigt sind und uns so viele Sorgen belasten, dass wir uns selbst kaum noch spüren.
Dann tut es gut, sich Oasen zu schaffen, um wieder zur Ruhe zu kommen. Mitunter wirkt eine kleine Auszeit – am besten mitten in der Natur – wahre Wunder. Ein Spaziergang durch den Park, eine kleine Rast am See, eine Ruhepause in der Sonne. Einfach tief durchatmen, loslassen und wieder ganz bei sich ankommen.
Im Einklang mit uns selbst fällt es leichter, die Quellen des Lebens zu finden und aus ihnen neue Kraft zu schöpfen.
Manchmal genügt das schon, um sich wieder unbeschwerter und lebendig zu fühlen.
Wenn wir unser Herz öffnen und die Welt um uns herum mit anderen Augen sehen, merken wir, wie bunt und schön sie sein kann. Und dann erkennen wir auch wieder, wie viele Gründe wir eigentlich haben, dankbar und glücklich zu sein.
Ich wünsche Ihnen, dass bei der Vielzahl von Texten einige dabei sind, die Sie besonders berühren und die Ihnen Wege weisen, die Quellen des Lebens für sich wiederzuentdecken.
Viel Freude beim Lesen wünscht Ihnen

Petra Kummermehr

Raum der Stille

Zur Ruhe kommen
und Kraft schöpfen

In die Stille finden

Stille ist eine Qualität, die uns guttut. Stille ist reines Sein. Da ist etwas, das sich selbst nicht in den Mittelpunkt stellt. Da ist jemand, der darauf verzichtet, sich interessant zu machen. Er ist einfach da.
Stille ist mehr als das Fehlen von Geräuschen. So atmen wir die Stille durchaus auch im Gebirge, wenn wir nur das Rauschen des Baches wahrnehmen. Das Rauschen ist ein Geräusch, aber es stört die Stille nicht, sondern macht sie eher hörbar. Stille und Ruhe hängen miteinander zusammen. Wenn ich über Wege zur Stille schreibe, dann gehe ich davon aus, dass ich die Stille nicht schaffen muss. Die Stille ist vor mir und unabhängig von mir da.
Stille erleben wir jedoch nicht nur äußerlich, sondern auch innerlich. In uns gibt es einen Raum der Stille. Auch dieser Raum existiert unabhängig von unserem Tun, von unserem Schweigen oder Lärmen.
Es geht darum, Zugang zu diesem inneren Raum der Stille zu gewinnen.

Anselm Grün

Stille Stunden

Das Wertvollste im Menschenleben sind ja die stillen heiligen Stunden. Sie sind die Brunnenstube aller gesunden, starken, kristallklaren, schöpferischen Gedanken, Worte, Taten. Aus diesen Urtiefen quillt und treibt das Schöpferische, Gute, Edle herauf.

Johann Wolfgang von Goethe

In der vollkommenen Stille
hört man die ganze Welt.

Kurt Tucholsky

In der Stille angekommen

In der Stille angekommen
gehe ich in mich,
stehe ich zu meinen
Stärken und Schwächen,
liegen mir mein Leben
und die Liebe
am Herzen.
In der Stille angekommen
sehe ich mich, dich, euch
und die Welt
mit anderen Augen,
mit den Augen des Herzens.
In der Stille angekommen
höre ich auf mein Inneres,
spüre ich Geborgenheit,
lerne ich Gelassenheit,
tanke ich Vertrauen.

Ernst Ferstl

Ruhig werden

Ruhig werden und stillhalten! Damit der göttliche Wind durch unsere reingestimmten Saiten hindurchharfen kann. Wir machen nicht die großen Gedanken noch das reine Herz: Sie wachsen. Sie kommen aus unbekannten Fernen, sie sind Geschenk!

Friedrich Lienhard

Still sitzen
Nichts tun
Der Frühling kommt
Das Gras wächst

Aus dem Zen-Buddhismus

Mittag

Am Waldessaume träumt die Föhre.
Am Himmel weiße Wölkchen nur.
Es ist so still, dass ich sie höre,
die tiefe Stille der Natur.

Rings Sonnenschein auf Wies' und Wegen,
die Wipfel stumm, kein Lüftchen wach.
Und doch, es klingt, als strömt' ein Regen
leis' tönend auf das Blätterdach.

Theodor Fontane

Je stiller du bist,
desto mehr kannst du hören.

Aus China

Raum der Erkenntnis

Die Stille ist ein Raum der Erkenntnis. Wenn du hineingehst, wird dir die Einsicht nicht erspart bleiben zu erfahren, wer du bist. Und es wird dir die Einsicht nicht vorenthalten werden, wer du sein könntest.

Unbekannt

Ruhe im Innern

Den Puls des eigenen Herzens fühlen.
Ruhe im Innern, Ruhe im Äußern.
Wieder Atem holen lernen, das ist es.

Christian Morgenstern

Geh deinen Weg ruhig

Geh deinen Weg ruhig – mitten in Lärm und Hast, und wisse, welchen Frieden die Stille schenken mag.
Steh mit allen auf gutem Fuße, wenn es geht, aber gib dich selber nicht auf dabei.
Sage deine Wahrheit immer ruhig und klar und höre die anderen auch an, selbst die Unwissenden, Dummen – sie haben auch ihre Geschichte.
Laute und zänkische Menschen meide. Sie sind eine Plage für dein Gemüt.
Wenn du dich selbst mit anderen vergleichen willst, wisse, dass Eitelkeit und Bitterkeit dich erwarten. Denn es wird immer größere und geringere Menschen geben als dich.
Freue dich an deinen Erfolgen und Plänen. Strebe wohl danach weiterzukommen, doch bleibe bescheiden. Das ist ein guter Besitz im wechselnden Glück des Lebens.
Übe dich in Vorsicht bei deinen Geschäften. Die Welt ist voll Tricks und Betrug. Aber werde nicht blind für das, was dir an Tugend begegnet.
Sei du selber – vor allem: Heuchle keine Zuneigung, wo du sie nicht spürst.
Doch denke nicht verächtlich von der Liebe, wo sie sich wieder regt. Sie erfährt so viel Entzau-

berung, erträgt so viel Dürre und wächst doch voller Ausdauer, immer neu, wie Gras.
Nimm den Ratschluss deiner Jahre mit Freundlichkeit an. Und gib deine Jugend mit Anmut zurück, wenn sie endet.
Pflege die Kräfte deines Gemütes, damit es dich schützen kann, wenn Unglück dich trifft, aber überfordere dich nicht durch Wunschträume. Viele Ängste entstehen durch Enttäuschung und Verlorenheit.
Erwarte eine heilsame Selbstbeherrschung von dir. Im Übrigen aber sei freundlich und sanft zu dir selbst.
Du bist ein Kind der Schöpfung, nicht weniger als die Blume und die Sterne es sind. Du hast ein Recht darauf, hier zu sein.
Und ob du es merkst oder nicht – ohne Zweifel entfaltet sich die Schöpfung so, wie sie es soll.
Lebe in Frieden mit Gott, wie du ihn jetzt für dich begreifst.
Und was auch immer deine Mühen und Träume sind in der lärmenden Verwirrung des Lebens – halte Frieden mit deiner eigenen Seele.
Mit all ihrem Trug, ihrer Plackerei und ihren zerronnenen Träumen – die Welt ist immer noch schön!

Aus der Old Saint Paul's Church von Baltimore

Ich wünsche dir Zeit

Ich wünsche dir nicht alle möglichen Gaben.
Ich wünsche dir nur, was die meisten nicht haben:
Ich wünsche dir Zeit, dich zu freun und zu lachen,
und wenn du sie nützt, kannst du etwas draus machen

Ich wünsche dir Zeit für dein Tun und dein Denken,
nicht nur für dich selbst, sondern auch zum Verschenken.
Ich wünsche dir Zeit – nicht zum Hasten und Rennen,
sondern die Zeit zum Zufriedenseinkönnen.

Ich wünsche dir Zeit – nicht nur so zum Vertreiben.
Ich wünsche, sie möge dir übrig bleiben
als Zeit für das Staunen und Zeit für Vertraun,
anstatt nach der Zeit auf der Uhr nur zu schaun.

Ich wünsche dir Zeit, nach den Sternen zu greifen,
und Zeit, um zu wachsen, das heißt, um zu reifen.
Ich wünsche dir Zeit, neu zu hoffen, zu lieben.
Es hat keinen Sinn, diese Zeit zu verschieben.

Ich wünsche dir Zeit, zu dir selber zu finden,
jeden Tag, jede Stunde als Glück zu empfinden.
Ich wünsche dir Zeit, auch um Schuld zu vergeben.
Ich wünsche dir: Zeit zu haben zum Leben!

Elli Michler

Deine Zeit

Deine Zeit
ist das Geschenk
deines Lebens.

Vertreibe sie nicht
sinnlos mit Dingen,
die im Grunde genommen
nicht wichtig sind,
und schlage sie nicht tot,
weil du damit ein Stück
von dir selbst
unwiederbringlich
zerstören würdest.
Nimm dir hingegen
immer wieder Zeit
für dich selbst;
für den richtigen Augenblick,
wenn du einem Menschen
etwas Wesentliches sagen
oder eine Entscheidung
für dein Leben treffen willst,
damit du später nicht
Versäumtes bereuen musst,

und verschiebe das,
was dir wirklich wichtig ist,
nicht auf morgen,
weil dein Leben heute ist.

Christa Spilling-Nöker

Zum Wohle deiner Seele

Lass dich nicht zum bloßen Werkzeug machen, werde nicht zum Sklaven von Meinungen und Moden. Verschaff dir ein bisschen Stille zum Wohle deiner Seele. Lärm bringt nicht das Gute, das Gute macht keinen Lärm.

Papst Johannes Paul I.

Geduld

Man muss den Dingen
die eigene, stille,
ungestörte Entwicklung lassen,
die tief von innen kommt
und durch nichts gedrängt
oder beschleunigt werden kann;
alles ist Austragen –
und dann Gebären …

Reifen wie der Baum,
der seine Säfte nicht drängt
und getrost in den Stürmen
des Frühlings steht,
ohne Angst,
dass dahinter kein Sommer
kommen könnte.
Er kommt doch!

Aber er kommt nur zu den Geduldigen,
die da sind,
als ob die Ewigkeit vor ihnen läge,
so sorglos, still und weit …

Man muss Geduld haben
gegen das Ungelöste im Herzen
und versuchen, die Fragen selber lieb zu haben
wie verschlossene Stuben
und wie Bücher, die in einer sehr fremden
Sprache geschrieben sind.

Es handelt sich darum, alles zu leben.
Wenn man die Fragen lebt,
lebt man vielleicht allmählich,
ohne es zu merken,
eines fremden Tages
in die Antwort hinein.

Rainer Maria Rilke

Regeln der Gelassenheit

Nur für heute will ich mich mühen, den heutigen Tag will ich leben, ohne gleichzeitig an alle Probleme meines Lebens zu denken.
Nur für heute will ich mich um mein Auftreten sorgen, ich will niemanden kritisieren, will niemanden korrigieren – nur mich selbst.
Nur für heute will ich mir vornehmen, zehn Minuten lang etwas Gutes zu lesen.
Nur für heute will ich eine gute Tat vollbringen, und ich werde keinem Menschen davon erzählen, es ist mein Geheimnis.
Nur für heute will ich etwas tun, wozu ich keine Lust habe.
Sollte ich mich irgendwie beleidigt fühlen, werde ich es mir nicht anmerken lassen.
Nur für heute will ich fest daran glauben, auch wenn äußere Umstände Widersprüchliches nahelegen, dass die Güte Gottes sich um mich kümmert, so als gäbe es sonst niemanden mehr auf dieser Erde.
Nur für heute werde ich in der Gewissheit glücklich sein, dass ich für das Glück geschaffen bin, nicht nur für die andere, sondern auch für diese Welt.

Für diesen Tag will ich Gutes tun, und ich will nicht daran denken, dass ich ein ganzes Leben lang mich darum mühen müsste.
Es ist mein Wunsch für dich, dass es dir Tag für Tag gelingen möge, diese Regeln der Gelassenheit zu leben.

Papst Johannes XXIII.

Nimm dir Zeit

Nimm dir Zeit zu arbeiten –
das ist der Garant des Erfolges.
Nimm dir Zeit zu denken –
das ist die Quelle der Macht.
Nimm dir Zeit zu spielen –
das ist das Geheimnis der ewigen Jugend.
Nimm dir Zeit zu lesen –
das ist die Grundlage der Weisheit.
Nimm dir Zeit, freundlich zu sein –
das ist der Weg zum Glück.
Nimm dir Zeit zu träumen –
das ist der Weg zu den Sternen.
Nimm dir Zeit zu lieben und geliebt zu werden –
das ist das Privileg der Götter.
Nimm dir Zeit, dich umzusehen –
der Tag ist zu kurz, um selbstsüchtig zu sein.
Nimm dir Zeit zu lachen –
das ist die Musik der Seele.

Aus Irland

Im Einklang

Die Stimme der Seele hören

Auf die Seele hören

Wir müssen auf unsere Seele hören,
wenn wir gesund werden wollen!

Letztlich sind wir hier,
weil es kein Entrinnen vor uns selbst gibt.

Solange der Mensch sich nicht selbst
in den Augen und im Herzen seiner
Mitmenschen begegnet, ist er auf der Flucht.

Solange er nicht zulässt,
dass seine Mitmenschen an seinem Innersten
teilhaben, gibt es keine Geborgenheit.

Solange er sich fürchtet, durchschaut zu werden,
kann er weder sich noch andere erkennen –
er wird allein sein.

Alles ist mit allem verbunden.

Hildegard von Bingen

Harmonie

Ich war gestern in der größten Harmonie über alle mir bekannten Dinge und in der vollständigsten Seelenruhe und fühlte, dass das Glück ist; und fühlte dabei in vollstimmigsten, zugleich tönenden Akkorden alles Leben meines Herzens.

Rahel Varnhagen

Halt ein!
Wo läufst du hin?
Der Himmel ist in dir.

Angelus Silesius

Möge dein Herz

Möge dein Herz
von innen her beflügelt sein
und deine Seele zum Schwingen bringen.

Mögen deine Füße
leichten Schrittes unterwegs sein
zu Versöhnung und Gerechtigkeit.

Mögen deine Augen
sich auf das Wesentliche konzentrieren
und die lichten Seiten der Menschen entdecken,
die dir begegnen.

Mögen deine Hände
segnen und sich anderen Menschen
in versöhnlicher Absicht entgegenstrecken.

Möge dein Mund
Worte der Freude finden und der Liebe,
die im Herzen eines anderen Menschen ihr Ziel finden.

Möge dein Ohr
aufmerksam sein auf die Klänge der Musik
und auf die Worte und Töne, die dein Leben
erfrischen.

Mögest du den Engeln in dir folgen
mit allen Sinnen und in all deinem Tun.

Christa Spilling-Nöker

Gefühle zulassen

Das Ziel im Leben ist es,
all unser Lachen zu lachen und
all unsere Tränen zu weinen.
Was auch immer sich uns offenbart,
es ist das Leben, das sich darin zeigt,
und es ist immer ein Geschenk,
sich damit zu verbinden.

M. B. Rosenberg

Himmelsleiter zum Alltag

Entdecke
deine Himmelsleiter zum Alltag,
zum authentischen Dasein
im Auf und Ab des Lebens.

Entdecke
die kraftvollen Engel,
die dich zur Lebendigkeit bestärken,
zum Ausgerichtetsein
zwischen Erde und Himmel.

Entdecke
deine Himmelsleiter zum Alltag,
zum mitfühlenden Dasein
im Lachen und Weinen.

Entdecke
die heilenden Engel,
die dich in deiner Verunsicherung
zum vertrauensvollen Aufbruch begleiten.

Pierre Stutz

weißt du wo

weißt du wo
der himmel ist
außen oder innen
eine handbreit
rechts und links
du bist mitten drinnen

weißt du wo
der himmel ist
nicht so tief verborgen
einen sprung
aus dir heraus
aus dem haus der sorgen

weißt du wo
der himmel ist
nicht so hoch da oben
sag doch ja
zu dir und mir
du bist aufgehoben

Wilhelm Willms

Sich selbst begegnen

Mögen sich viele Menschen auf den Weg machen, sich selbst zu begegnen, mögen sie in ihrem Leben die Gegenwart, die Kraft und das Licht ihrer Seelen entdecken.
Mögen sie erkennen, dass sie niemals alleine sind, dass ihre Seelen sich durch den Glanz und ihre Zugehörigkeit aufs Innigste mit dem Rhythmus des Weltalls verbinden.
Mögen sie ihre Individualität und Verschiedenheit achten.
Mögen sie erkennen, dass die Gestalt ihrer Seele einzigartig ist, dass ihnen hier ein besonderes Schicksal beschieden ist, dass sich hinter der Fassade ihres Lebens etwas Schönes, Gutes und Ewiges ereignet.
Mögen sie lernen, ihr Selbst mit der gleichen Freude, dem gleichen Stolz und der gleichen Wonne zu betrachten, mit der Gott sie in jedem Augenblick gewahrt.

Irischer Segen

Ein Gefühl ist wie ein Kind

Ein Gefühl ist wie ein Kind, das in uns lebt und weint und lacht, Hunger hat und bemerkt werden will.
Wer zu seinem Gefühl zu oft sagt: Sei still, ich habe jetzt keine Zeit für dich – dessen inneres Kind sitzt eines Tages in einer vergessenen Ecke und trauert, wird krank und verkümmert.

Mit den Gefühlen soll man umgehen, wie man mit einem Kind umgeht.
Man sieht ihm freundlich zu und aufmerksam.
Man hört, was es klagt, man leidet mit ihm, wenn es leidet.
Denn Gefühle sind die lebendigsten Kräfte in uns, und keine andere Kraft in uns bringt so Lebendiges hervor.

Ein Kind hat auch Wünsche, berechtigte, gute, schöne, die nicht zu erfüllen sind. Dann nehmen wir es auf den Arm und sind mit ihm traurig.

Aber wir schicken es nicht weg. Ein Kind kann verstehen, dass es nicht alles haben kann.
Aber lieben muss man es, ihm Mut geben und Fröhlichkeit und Raum, seine Kräfte zu regen.

Jörg Zink

Alles ist in dir

„Wovor du wegläufst und wonach du dich sehnst, beides ist in dir selber."

Der indische Seelenführer Anthony de Mello hat das gesagt. Und in der Tat: Viele Menschen sind auf der Flucht vor sich selbst. Sie laufen vor ihrer Angst davon oder fliehen vor ihren Schuldgefühlen. Sie laufen vor bedrohlichen Situationen und Konflikten mit anderen davon. Doch alles, wovor sie fliehen, ist in ihnen. Sie können gar nicht vor sich selber weglaufen, denn sie nehmen alles mit.

Mich erinnert das an den Mann, der versuchte, vor seinem eigenen Schatten davonzulaufen. Er steigerte sein Tempo beim Laufen, um den Schatten loszuwerden. Doch sobald er sich umsah, erblickte er wieder den Schatten. Er konnte ihn nicht abschütteln. Er hetzte weiter und rannte, bis er tot umfiel. Genauso wenig können wir das ablegen, wovor wir davonlaufen. Wir nehmen es mit. Es ist in uns. Davonzulaufen und sich abzuhetzen bringt nichts. Wir werden es auf diese Weise nie loswerden. Es bleibt uns nur eines übrig: stehen zu bleiben und uns mit dem auszusöhnen, was in uns ist.

Der erste Schritt der Aussöhnung besteht darin, dass wir uns erlauben, dass das, wovor wir am liebsten weglaufen würden, in uns bleibt und auf diese Weise nicht abzuschütteln ist. Wir verzichten darauf, es zu bewerten. Es ist, wie es ist. Und es darf so sein.

Der zweite Schritt besteht dann darin, sich liebevoll dem zuzuwenden, was wir in uns so sehr ablehnen. Es gehört zu mir. Es ist ein Teil von mir. Und auch dieser Teil will geliebt werden. Aber nicht nur dieser Angstreflex, auch die Sehnsucht ist in uns und treibt uns an: die Sehnsucht nach absoluter Heimat, Geborgenheit und Liebe. Die Sehnsucht können wir nicht totschlagen. Sie ist die Spur, die Gott in unser Herz gegraben hat, um uns an sich selbst zu erinnern. Die Sehnsucht ist in uns als eine Kraft, die uns über diese Welt hinausführt. Auch das, wonach wir uns sehnen, ist immer schon in uns. Wir sehnen uns nach Erfolg, nach Liebe, nach Anerkennung, nach Frieden, nach Heimat. All das ist schon in mir. In mir ist die Liebe. Ich brauche sie nur wahrzunehmen. In mir ist Heimat. Wenn das tiefste Geheimnis des Lebens selbst in mir wohnt, kann ich in mir selbst daheim sein. In mir ist Erfolg. Wenn ich ja sage zu mir, so wie ich bin, spüre ich mich, spüre ich Lebendigkeit und Weite. Was ist denn Erfolg? Es glückt mir etwas. Und wenn mir etwas glückt, bin ich glücklich. Das Glück ist also schon in mir. Ich muss es mir nicht erkaufen. Ich muss es nicht durch äußeren Erfolg erreichen. Ich brauche nur in Einklang zu kommen mit mir selbst, mich an dem freuen, was von mir ausgeht, dann werde ich diese beglückende Harmonie als Kraft wahrnehmen, die sich selbst genügt, aber auch nach außen strahlt. Die Anerkennung ist auch in mir. Wenn ich mich selber anerkenne, muss ich der Anerkennung nicht nachlaufen. Dann ist es nicht mehr so wichtig, ob die anderen mich anerkennen.

Die eingangs zitierte Erkenntnis Anthony de Mellos lädt uns ein, unsere Sehnsüchte genau anzuschauen, immer wieder innezuhalten und uns zu vergewissern: All das, wonach ich mich sehne, das ist schon in mir. Wenn ich stehen bleibe und nach innen höre, finde ich schon alles in mir. Das ist die tiefste Wahrheit meines Lebens: Gott ist in mir. Und damit ist alles, wonach ich mich sehne, in meinem Herzen. Es geht darum, vor dieser Wahrheit nicht davonzulaufen, sondern innezuhalten und sich ihr zu stellen. So paradox es klingt: Dieses Innehalten ist die Voraussetzung für jeden menschlichen und geistlichen Fortschritt.

Anselm Grün

Du bist etwas Wertvolles

Du bist etwas Wertvolles, du bist ein Stückchen von Gott, du trägst einen Teil von ihm in dir. Warum verkennst du nun deinen Adel? Warum weißt du nicht, woher du gekommen bist? Willst du nicht, wenn du issest, daran denken, wer du bist, der da isst, und wen du ernährst? Bei Verkehr und Gesellschaft, wer du bist, der da mit anderen verkehrt und umgeht, bei den Turnübungen, bei der Unterhaltung? Weißt du da nicht, dass es ein Gott ist, den du nährst und den du übst? Einen Gott trägst du in dir, du Unglücklicher, und du weißt es nicht!

Epiktet

Im Einklang

Um zur Vollkommenheit zu gelangen, muss man wenig wollen und nichts verlangen. Es ist wahr, sich daran zu halten, heißt wirklich arm sein, aber ich bin sicher, dass ebendarin das große Geheimnis besteht, vollkommen zu werden. Und doch ist das etwas so Verborgenes, dass nur wenige davon wissen oder, wenn sie es wissen, sich danach richten.

Franz von Sales

Die innere Weisheit

Ich vertraue auf eine innere Weisheit
tief in uns,
die freigelegt werden kann und muss.
Ich glaube,
dass etwas in mir angelegt ist,
das mir den Weg zeigt
wie ein Kompass,
der zum Leben hin ausschlägt.

Es muss nicht alles von außen
an mich herangetragen werden.
Weisheitslehrer müssen mir nicht
den Weg weisen,
sondern ich will in mich gehen
und auf meinen inneren Lehrer
und auf meine innere Lehrerin achten.
Ich glaube,
dass ich weiß,
was mich lebendig macht
und was mir das Leben nimmt.

Ulrich Schaffer

Zuversicht

Dem Leben vertrauen

Fürchte dich nicht

Fürchte dich nicht
dich dem Lebensfluss anzuvertrauen
damit dein wahres Gesicht aufscheint
und deine Ausstrahlung Kreise ziehen wird

Fürchte dich nicht
deine Angst wahrzunehmen
mit ihr ins Gespräch zu kommen
damit sie vertrauensvoll verwandelt werden kann

Fürchte dich nicht
dich einzusetzen für eine zärtliche Gerechtigkeit
in der kraftvollen Erinnerung
an eine weltweite Solidarität

Fürchte dich nicht
auf deine Herzensstimme zu hören
die dich zu dir selber führt
zum Erahnen des göttlichen Atems in allem

Fürchte dich nicht:
trau diesen uralten Lebensworten
die dir ein Engel auch heute
unerwartet zuspricht

Pierre Stutz

Dein Herz sei voll Zuversicht

Dein Herz sei voll Zuversicht,
dass nach jedem Gewitter
ein Regenbogen am Himmel steht.

Der Tag sei dir freundlich,
die Nacht sei dir wohlgesinnt.

Die starke Hand eines Freundes
möge dich halten,
Gott möge dein Herz erfüllen
mit Freude und glücklichem Sinn.

Irischer Segenswunsch

Der gute Hirte

Der Herr ist mein Hirte;
nichts wird mir fehlen.
Er weidet mich auf grüner Aue
und führt mich zum frischen Wasser.
Er erquickt meine Seele;
er führt mich auf rechten Pfaden
um seines Namens willen.
Und wenn ich wandere im finstern Tal,
fürchte ich kein Unglück;
denn du bist bei mir,
du beschützt und tröstest mich.
Du bereitest vor mir einen Tisch
im Angesicht meiner Feinde.
Du salbst mein Haupt mit Öl
und schenkst mir,
was ich zum Leben brauche.
Güte und Barmherzigkeit
werden mir folgen mein Leben lang,
und ich werde wohnen
im Hause des Herrn immerdar.

Nach Psalm 23

Sorge dich nicht so viel

Sorge dich nicht so viel
und fürchte dich nicht heute
schon vor dem, was der morgige Tag
vielleicht an Unruhe und Last
mit sich bringt.

Wenn du den täglichen Sorgen,
Ängsten und Lustlosigkeiten
Macht über dich gibst,
verlierst du den Blick
für all das Schöne,
das du heute erleben kannst.

Öffne dich den Augenblicken,
die dich froh stimmen,
die dich lächeln lassen
und dich lebendig machen.

Schaffe dir jeden Tag Raum für etwas,
das du gern tust und das dir guttut,
und sorge damit immer wieder für dich selbst.

Gegen die Kraft,
die dir aus der Freude zuströmt,
verliert die Angst
ihre Macht.

Christa Spilling-Nöker

Vögel der Sorge

Dass die Vögel der Sorge und des Kummers
über deinem Haupte fliegen,
kannst du nicht ändern.
Aber dass sie Nester in deinem Haar bauen,
das kannst du verhindern.

Aus China

Ohne Vorbehalt und ohne Sorgen

Ohne Vorbehalt und ohne Sorgen
leg ich meinen Tag in deine Hand.
Sei mein Heute, sei mein gläubig Morgen,
sei mein Gestern, das ich überwand.
Frag mich nicht nach meinen Sehnsuchtswegen
bin aus deinem Mosaik ein Stein.
Wirst mich an die rechte Stelle legen.
Deinen Händen bette ich mich ein.

Edith Stein

Für das Leben

Gott gebe dir
für jeden Sturm einen Regenbogen,
für jede Träne ein Lachen,
für jede Sorge eine Aussicht
und eine Hilfe in jeder Schwierigkeit.
Für jedes Problem, das das Leben schickt,
einen Freund, es zu teilen,
für jeden Seufzer ein schönes Lied
und eine Antwort auf jedes Gebet.

Irischer Segenswunsch

Blicke auf die Gegenwart

Lass dich nicht von der Gesamtvorstellung deines Lebens beunruhigen! Fasse nicht alle Unannehmlichkeiten, die dir vermutlich noch begegnen werden, nach Art und Zahl im Geiste zusammen, sondern frage dich lieber bei jeder einzelnen, die an dich herantritt: Was ist an der Sache eigentlich untragbar und nicht zu überwinden? […] Mach dich weiter darauf aufmerksam, dass dich weder die Zukunft noch die Vergangenheit bedrücken kann, sondern immer nur die Gegenwart. Die Belastung durch die Gegenwart verringert sich aber, wenn du ausschließlich auf sie blickst.

Marc Aurel

Millionen Möglichkeiten

Man muss nie verzweifeln, wenn einem etwas verloren geht, ein Mensch oder eine Freude oder ein Glück; es kommt alles noch herrlicher wieder. Was abfallen muss, fällt ab; was zu uns gehört, bleibt uns, denn es geht alles nach Gesetzen vor sich, die größer als unsere Einsicht sind und mit denen wir nur scheinbar im Widerspruch stehen. Man muss in sich selber leben und an das ganze Leben denken, an alle seine Millionen Möglichkeiten, Weiten und Zukünfte, denen gegenüber es nichts Vergangenes und Verlorenes gibt.

Rainer Maria Rilke

Wenn ich wüsste, dass morgen die Welt untergeht, würde ich heute noch ein Apfelbäumchen pflanzen.

Martin Luther

Wenn ihr glaubt

Wahrlich ich sage euch: Wenn ihr Glauben habt und nicht zweifelt [...], so werdet ihr zu diesem Berg sagen: Erhebe dich und stürze dich ins Meer! Dann wird es auch so geschehen. Und alles, was ihr im Gebet erbittet, werdet ihr empfangen, wenn ihr glaubt.

Nach Matthäus 21,20–22

Glauben heißt:
durch den Horizont blicken.

Aus Afrika

Die Heilung eines Blinden bei Jericho

Und sie kamen nach Jericho. Als Jesus und seine Jünger Jericho wieder verlassen wollten, trafen sie auf einen blinden Bettler, der Bartimäus hieß. Er saß am Wegesrand und bettelte. Als er aber hörte, dass es Jesus von Nazareth war, der an ihm vorüberging, fing er an zu rufen: „Jesu, Sohn Davids, habe Erbarmen mit mir." Und obwohl ihn viele aufforderten zu schweigen, rief er noch lauter: „Sohn Davids, habe Erbarmen mit mir!" Jesus hielt an. Er ließ Bartimäus zu sich kommen und fragte ihn: „Wie kann ich dir helfen?" Bartimäus antwortete: „Ich möchte wieder sehen können." Da sagte Jesus zu ihm: „Gehe hin; dein Glaube hat dir geholfen." Von nun an konnte er wieder sehen und folgte Jesus nach.

Nach Markus 10,46–52

Wer Vertrauen hat,
erlebt jeden Tag Wunder.

Peter Rosegger

Der wunderbare Fischfang

Als Jesus am See Genezareth war, versammelte sich das Volk, um das Wort Gottes zu hören. Da sah Jesus zwei Boote am See liegen. Die Fischer waren ausgestiegen und wuschen ihre Netze. Jesus ging zu Simons Boot und bat ihn, ein wenig vom Ufer wegzufahren. Dann setzte er sich und lehrte das Volk vom Boot aus. Als er aufgehört hatte zu reden, sagte er zu Simon: Fahre noch ein Stückchen hinaus und wirf dort deine Netze aus. Simon antwortete: Meister, wir haben die ganze Nacht gearbeitet und nichts gefangen, aber auf dein Wort hin will ich das Netz noch einmal auswerfen. Und als er das tat, fing er mit einem Mal so viele Fische, dass das Netz fast zerriss.

Nach Lukas 5,1–6

Unsere Wünsche weisen uns den Weg

Unsere Wünsche sind Vorgefühle der Fähigkeiten, die in uns liegen, Vorboten desjenigen, was wir zu leisten imstande sein werden. Was wir können und möchten, stellt sich unserer Einbildungskraft außer uns und in der Zukunft dar; wir fühlen eine Sehnsucht nach dem, was wir schon im Stillen besitzen. So verwandelt ein leidenschaftliches Vorausgreifen das wahrhaft Mögliche in ein erträumtes Wirkliches.

Johann Wolfgang von Goethe

Neubeginn

Wir brauchen nicht so fortzuleben,
wie wir gestern gelebt haben.
Macht euch nur von dieser Anschauung los,
und tausend Möglichkeiten laden uns
zu neuem Leben ein.

Christian Morgenstern

Sobald du dir vertraust,
sobald weißt du zu leben.

Johann Wolfgang von Goethe

Glauben heißt,
Vertrauen haben,
dass sich die Hoffnungen erfüllen, und
von Dingen überzeugt sein,
auch wenn sie noch nicht zu sehen sind.

Nach Hebräer 11,1

Jesus aber sprach zu ihm:
Wenn du nur glauben könntest!
Alle Dinge sind dem möglich, der glaubt.

Nach Markus 9,23

Vollständige Sorglosigkeit
und eine unerschütterliche Zuversicht
sind das Wesentliche
eines glücklichen Lebens.

Lucius Annaeus Seneca

Genieß die Gegenwart mit frohem Sinn,
sorglos, was dir die Zukunft bringen werde.

Horaz

Habe Vertrauen zum Leben –
und es trägt dich lichtwärts.
Vertrau auf dein Glück –
und du ziehst es herbei.

Lucius Annaeus Seneca

Im Vertrauen leben

Wenn du bereit bist zu glauben, wird deine Welt größer, und im Vertrauen auf viele Kräfte, von denen du weißt, kannst du vertrauen, auch wo du nichts siehst. Du kannst deiner Sache sicher sein, auch wenn du keine Beweise hast. Du siehst offenen Auges in eine Welt der unübersichtlichen Tatsachen und weißt dabei, dass du geführt wirst. Du kannst darauf vertrauen, dass dein Leben gelingen und zu einem guten Ende führen wird, auch wenn du das nicht erzwingen kannst. Denn dein Glaube ist nicht der Traum, der dir dein Leben leichter macht, sondern die Grundlage für ein Leben, das diesen Namen verdient. Glauben heißt, im Schutz einer Macht zu stehen, die wir Gott nennen.

Vielleicht erlebst du irgendwann, dass alle deine Hoffnungen scheitern, dass dir alles, was dir wert und lieb ist, zwischen den Fingern zerrinnt, dass dir alles misslingt, was du doch so gut gemeint hattest. Dann heißt glauben darauf vertrauen, dass es neue Anfänge gibt, auch für ein gescheitertes Leben.

Wenn du glaubst, gehst du deinen Weg und machst deine Erfahrungen. Und du bewahrst sie. Du schaust auf das schon gegangene Stück deines Weges dankbar zurück. Du schaust mit

Vertrauen auf das kommende. Du weißt, dass der ganze Lauf deines Lebens in einer guten Hand bewahrt ist. Du lässt dir von Sorgen und Ängsten nicht den Mut abkaufen. Du bewahrst deine Leichtigkeit und deinen Humor, wenn du sagen willst, was groß und was klein ist, wichtig und unwichtig.
Glauben ist eine Kraft, die alles weckt, was das Leben lebendig macht. Mir ist einfach wichtig, ob in mir etwas Lebendiges ist. Ob sich in mir noch etwas sehnt. Ob ich noch Träume und Hoffnungen und Zukunftsbilder habe. Ob in mir noch etwas brennt wie ein Feuer. Oder anders gesagt, ob meine Seele noch Flügel hat. Ob ich mich noch freuen kann, ob ich staunen, ob ich von Herzen an etwas teilnehmen kann. Ob ich mich frei fühlen kann und tun, was jetzt getan werden muss. Mir ist wichtig, wie und was und an wen ich glaube.

Jörg Zink

Geheimnis des Glücks

Das Glück
in unserem Herzen finden

Ich wünsche dir Glück

Ich wünsche dir Glück.
Was sollte ich dir Besseres wünschen können?
Es ist wichtig, dass du glücklich bist.
Ein glücklicher Mensch ist schöner,
er ist freundlicher, gütiger.
Er ist einverstanden mit sich und seinem Geschick.
Es geht mehr Frieden von ihm aus und mehr Weisheit.
Es ist wichtig, dass wir glücklich sind.
Aber wo sind die Quellen des Glücks?
Das müsste man wissen.
Denn es ist nicht leicht, es zu finden,
und manchmal sieht es anders aus,
als wir es uns ausmalen.
Ich wünsche dir aber, dass du es findest.

Jörg Zink

Das Glück des Lebens

Das Glück des Lebens besteht nicht darin, wenig oder keine Schwierigkeiten zu haben, sondern sie alle siegreich und glorreich zu überwinden.

Carl Hilty

Das Leben annehmen

So ist eben das Leben seit jeher, alles gehört dazu: Leid und Trennung und Sehnsucht. Man muss es immer mit allem nehmen und alles schön und gut finden. Ich tue es wenigstens so. Nicht durch ausgeklügelte Weisheit, sondern einfach so aus meiner Natur. Ich fühle instinktiv, dass das die einzig richtige Art ist, das Leben zu nehmen, und fühle mich deshalb wirklich glücklich in jeder Lage.

Rosa Luxemburg

Der Fischer und das Meer

In einem kleinen Fischerdörfchen lebte ein Fischer namens Pedro. Er liebte es, sich nach getaner Arbeit in die Sonne zu setzen, die Möwen zu beobachten und aufs Meer hinauszuschauen. Ein reicher Mann, der gerade in diesem Fischerdörfchen Urlaub machte, beobachtete Pedro einige Tage lang und wunderte sich.

Schließlich fragte er ihn: „Wieso fängst du denn nicht noch mehr Fische? Du scheinst ja noch genügend Zeit zu haben?“

„Aber warum sollte ich das tun?“, fragte Pedro erstaunt.

„Wenn du mehr Fische fängst, könntest du mehr verkaufen und dir irgendwann ein zweites Boot leisten“, erklärte der reiche Mann.

„Aber was soll ich denn mit zwei Booten? Ich arbeite doch allein.“

„Das muss ja nicht so bleiben. Du könntest noch einen Mann anheuern und ihr könntet gemeinsam so viele Fische fangen, dass du dir noch weitere Boote kaufen und noch mehr Männer beschäftigen könntest. Und irgendwann einmal bräuchtest du nicht mehr zu arbeiten und könntest zufrieden in der Sonne sitzen, Möwen beobachten und auf das Meer hinausschauen.“

„Aber genau das tue ich doch schon!", sagte Pedro.
Daraufhin wusste der reiche Mann nichts mehr zu sagen …

Rennt dem scheuen Glücke nach

Rennt dem scheuen Glücke nach!
Freunde, rennt euch alt und schwach!
Ich nehm teil an eurer Müh:
Die Natur gebietet sie.
Ich, damit ich auch was tu, –
Seh euch in dem Lehnstuhl zu.

Gotthold Ephraim Lessing

Was machen Sie?
Nichts.
Ich lasse das Leben auf mich regnen.

Rahel Varnhagen

Das Beste,
was wir auf der Welt tun können,
ist Gutes tun,
fröhlich sein
und die Spatzen pfeifen lassen.

Don Bosco

Ein fröhliches Herz bedeutet Leben,
die Fähigkeit, sich zu freuen,
verlängert die Tage des Menschen.

Nach Jesus Sirach 30,23

Was ist Glück?

Gott, was ist Glück! Eine Grießsuppe, eine Schlafstelle und keine körperlichen Schmerzen – das ist schon viel. Das Glück, wenn es mir recht ist, liegt in zweierlei: darin, dass man ganz da steht, wo man hingehört, und zum zweiten und besten in einem behaglichen Abwickeln des ganz Alltäglichen, also darin, dass man ausgeschlafen hat und dass einen die neuen Stiefel nicht drücken. Wenn einem die 720 Minuten eines zwölfstündigen Tages ohne besonderen Ärger vergehen, so lässt sich von einem Tage unter einem glücklichen Stern sprechen.

Theodor Fontane

Sich glücklich fühlen können
auch ohne Glück –
das ist das Glück.

Marie von Ebner-Eschenbach

Der Kern des Glücks

„Der Kern des Glücks: der sein zu wollen, der du bist." (Erasmus von Rotterdam)

In meiner Jugend habe ich berühmten Vorbildern nachgeeifert. Ich wollte unbedingt so belesen und so scharfsinnig sein wie der große Theologe Karl Rahner, und mein Traum war, so singen zu können wie der strahlende Tenor Fritz Wunderlich. Ich weiß heute natürlich: Wer sich nur an den Sternen orientiert, kann leicht die Bodenhaftung verlieren. Aber es stimmt immer noch auch dies: Vorbilder haben einen Sinn. Sie werden zwar im Lauf eines Lebens wechseln – und sollen das auch. Aber ein motivierender Ansporn geht auf jeden Fall von ihnen aus, auch wenn im Verlauf der Entwicklung die Umstände sich ändern und die Ziele andere werden – und damit auch die Vorbilder. Vorbilder fordern mich immer auch dazu heraus, an mir zu arbeiten. Und sie helfen mir dabei, auch innerlich weiterzukommen. Aber: Wenn ich nur auf sie fixiert bin, werde ich nie mit mir zufrieden sein können. Heute bin ich dankbar für das, was ich bin. Natürlich kenne ich manchmal noch Gedanken wie: „So gut möchte ich formulieren können wie Augustinus oder wie Erhart

Kästner." Oder: „Wenn ich im Gespräch doch ebenso klar intervenieren könnte, wie mein Supervisor das macht." Doch wenn ich das merke, dann versuche ich, bei mir zu sein und mir vorzusagen: „Ich bin ich. Und es ist gut so, wie ich bin. Ich tue das, was für mich stimmt." Wenn es mir dann gelingt, ganz im Einklang mit mir selbst zu sein und dankbar anzunehmen, was Gott mir an Fähigkeiten gegeben hat, aber auch dankbar zu sein für die Grenzen, die ich wahrnehme, dann ahne ich, was wirkliches Glück ist. Noch mehr: Dann kann ich von mir sagen, dass ich glücklich bin. Es ist gut so, wie es ist. Ich sitze da, atme ein und aus und genieße es, das Leben zu spüren, mich in meiner Einmaligkeit wahrzunehmen. Dann schmecke ich das Leben, dann koste ich das Glück. Ich muss nichts gewaltsam oder verbissen ändern, nicht ständig hart an mir arbeiten. Ich bin der, der ich bin, von Gott so geformt und gebildet, in seiner Liebe geborgen, bedingungslos bejaht. Dann ist Frieden in mir. Dann ist alles gut. Erasmus von Rotterdam, der große Humanist und Menschenkenner, hat es in einem Satz auf den Punkt gebracht.

Anselm Grün

Ich lass es mir nicht ausreden. Glückseligkeit ist in, außer, neben uns, durch uns und ohne uns zu finden.

Rahel Varnhagen

Weder vom Körper noch vom Geld hängt es ab, ob ein Mensch glücklich ist, sondern ob er mit sich zurechtkommt oder immer etwas anderes will.

Demokrit

Das Glück deines Lebens hängt von der Beschaffenheit deiner Gedanken ab.

Marc Aurel

Deine erste Pflicht ist es,
dich selbst glücklich zu machen.
Bist du glücklich,
machst du auch andere glücklich.

Ludwig Feuerbach

Die kleinen Freuden

So muss man leben!
Die kleinen Freuden aufpicken,
bis das große Glück kommt.
Und wenn es nicht kommt,
dann hat man wenigstens
die „kleinen Glücke“ gehabt.

Theodor Fontane

Vom Glück im Herzen

In einem fernen Land lebte einmal eine kleine Prinzessin namens Aju. Sie war auf der Suche nach dem Glück. Eines Tages wandte sie sich an Ju Mi, einen weisen Gelehrten: „Ehrwürdiger Vater, kannst du mir sagen, ob das Glück der Menschen hoch oben auf den leuchtenden Sternen lebt?"
„Nein, Prinzessin", antwortete Ju Mi, „das Glück wohnt in unseren Herzen. Doch leider finden die wenigsten dorthin."

Aus China

Das wahre Glück baut sich jeder nur dadurch, dass er sich durch seine Gefühle vom Schicksal unabhängig macht.

Wilhelm von Humboldt

Glück

Glück ist gar nicht mal so selten,
Glück wird überall beschert,
vieles kann als Glück uns gelten,
was das Leben uns so lehrt.
Glück ist jeder neue Morgen,
Glück ist bunte Blumenpracht,
Glück sind Tage ohne Sorgen,
Glück ist, wenn man fröhlich lacht.
Glück ist Regen, wenn es heiß ist,
Glück ist Sonne nach dem Guss,
Glück ist, wenn ein Kind ein Eis isst,
Glück ist auch ein lieber Gruß.
Glück ist Wärme, wenn es kalt ist,
Glück ist weißer Meeresstrand,
Glück ist Ruhe, die im Wald ist,
Glück ist eines Freundes Hand.
Glück ist eine stille Stunde,
Glück ist auch ein gutes Buch,
Glück ist Spaß in froher Runde,
Glück ist freundlicher Besuch.
Glück ist niemals ortsgebunden,
Glück kennt keine Jahreszeit,
Glück hat immer der gefunden,
der sich seines Lebens freut.

Clemens Brentano

Achte gut auf diesen Tag

Achte gut auf diesen Tag, denn er ist das Leben – das Leben allen Lebens. In seinem kurzen Ablauf liegt all seine Wirklichkeit und Wahrheit des Daseins, die Wonne des Wachsens, die Größe der Tat, die Herrlichkeit der Kraft.
Denn das Gestern ist nichts als ein Traum und das Morgen nur eine Vision.
Das Heute jedoch, recht gelebt, macht jedes Gestern zu einem Traum voller Glück und das Morgen zu einer Vision voller Hoffnung.
Darum achte gut auf diesen Tag.

Rumi

Schönheit des Lebens

Den Tag genießen

Eine wunderbare Heiterkeit

Eine wunderbare Heiterkeit hat meine ganze Seele eingenommen, gleich den süßen Frühlingsmorgen, die ich mit ganzem Herzen genieße.
Ich bin allein und freue mich meines Lebens in dieser Gegend, die für solche Seelen geschaffen ist wie die meine. Ich bin so glücklich, mein Bester, so ganz in dem Gefühle von ruhigem Dasein versunken, dass meine Kunst darunter leidet.
Ich könnte jetzt nicht zeichnen, nicht einen Strich, und bin nie ein größerer Maler gewesen als in diesen Augenblicken.
Wenn das liebe Tal um mich dampft, und die hohe Sonne an der Oberfläche der undurchdringlichen Finsternis meines Waldes ruht und nur einzelne Strahlen sich in das innere Heiligtum stehlen, ich dann im hohen Grase am fallenden Bache liege und näher an der Erde tausend mannigfaltige Gräschen mir merkwürdig werden; wenn ich das Wimmeln der kleinen Welt zwischen Halmen, die unzähligen, unergründlichen Gestalten der Würmchen, der Mückchen näher an meinem Herzen fühle und fühle die Gegenwart des Allmächtigen, der uns nach seinem Bilde schuf, das Wehen des Alliebenden, der uns in ewiger Wonne schwebend

trägt und erhält; mein Freund! Wenn's dann um meine Augen dämmert und die Welt um mich her und der Himmel ganz in meiner Seele ruhn wie die Gestalt einer Geliebten – dann sehne ich mich oft und denke: Ach könntest du das wieder ausdrücken, könntest du dem Papiere das einhauchen, was so voll, so warm in dir lebt, dass es würde der Spiegel deiner Seele, wie deine Seele ist der Spiegel des unendlichen Gottes!

Johann Wolfgang von Goethe

Ein herrlicher Tag

Ich möchte laut über die Mauern hinausrufen: O bitte beachten Sie doch diesen herrlichen Tag! Vergessen Sie nicht, wenn Sie noch so beschäftigt sind, den Kopf zu heben und einen Blick auf diese riesigen silbernen Wolken zu werfen und auf den stillen blauen Ozean, in dem sie schwimmen.
Beachten Sie doch die Luft, die vom leidenschaftlichen Atem der Lindenblüten schwer ist, und den Glanz und die Herrlichkeit, die auf diesem Tag liegen; denn dieser Tag kommt nie, nie wieder!

Rosa Luxemburg

Die Natur als Vorbild

Wenn Sie sich an die Natur halten, an das Einfache in ihr, an das Kleine, das kaum einer sieht, und das so unversehens zum Großen und Unermesslichen werden kann; wenn Sie diese Liebe haben zu dem Geringen und ganz schlicht als ein Dienender das Vertrauen dessen zu gewinnen suchen, was arm scheint: dann wird Ihnen alles leichter, einheitlicher und irgendwie versöhnender werden, nicht im Verstande vielleicht, der staunend zurückbleibt, aber in Ihrem innersten Bewusstsein, Wach-sein und Wissen.

Rainer Maria Rilke

Staunen

Das Höchste, wozu der Mensch gelangen kann, ist das Erstaunen; und wenn ihn das Urphänomen in Erstaunen setzt, so sei er zufrieden; ein Höheres kann es ihm nicht gewähren und ein Weiteres soll er nicht dahinter suchen; hier ist die Grenze. Aber den Menschen ist der Anblick eines Urphänomens gewöhnlich noch nicht genug, sie denken, es müsse noch weitergehen, und sie sind den Kindern ähnlich, die, wenn sie in einen Spiegel geguckt, ihn sogleich umwenden, um zu sehen, was auf der anderen Seite ist.

Johann Wolfgang von Goethe

Ich kann nur dastehn wie ein Kind

Ich kann nur dastehn wie ein Kind und staunen und stille mich freuen, wenn ich draußen bin, auf dem nächsten Hügel, und wie vom Äther herab die Höhen alle näher und näher niedersteigen bis in dieses friedliche Tal, das überall an seinen Seiten mit den immergrünen Tannenwäldchen umkränzt und in der Tiefe mit Seen und Bächen durchströmt ist, und da wohne ich, in einem Garten, wo unter meinem Fenster Weiden und Pappeln an einem klaren Wasser stehen, das mir gar wohlgefällt des Nachts mit seinem Rauschen, wenn alles still ist und ich vor dem heiteren Sternenhimmel dichte und sinne.

Friedrich Hölderlin

Manchem glückt es, überall ein Idyll zu finden:
Und wenn er's nicht findet, so schafft er's sich.

Theodor Fontane

Wie schön die Welt

Die meisten Menschen wissen gar nicht, wie schön die Welt ist und wie viel Pracht in den kleinsten Dingen, in irgendeiner Blume, einem Stein, einer Baumrinde oder einem Birkenblatt sich offenbart. Die erwachsenen Menschen, die Geschäfte und Sorgen haben und sich mit lauter Kleinigkeiten quälen, verlieren allmählich ganz den Blick für diese Reichtümer, welche die Kinder, welche aufmerksam und gut sind, bald bemerken und mit ganzem Herzen lieben. Und doch wäre es das Schönste, wenn alle Menschen in dieser Beziehung immer wie aufmerksame und gute Kinder bleiben wollten, einfältig und fromm im Gefühl, und wenn sie die Fähigkeiten nicht verlieren würden, sich an einem Birkenblatt oder an der Feder eines Pfauen oder an der Schwinge einer Nebelkrähe so innig zu freuen wie an einem großen Gebirge oder einem prächtigen Palast.
Das Kleine ist ebenso wenig klein, als das Große groß ist. Es geht eine große und ewige Schönheit durch die ganze Welt, und diese ist gerecht über den kleinen und großen Dingen verstreut.

Rainer Maria Rilke

Abseits gehen

Wer über diese Erde geht
mit offenem Herzen,
sieht Formen und Farben,
unendlich mannigfaltig,
und hört Stimmen, leise oder laut,
klingend oder klagend,
drohend, warnend, lockend.

Alles, was lebt, hat eine Stimme.
Wer ihr antworten will,
muss abseits gehen und hören,
was er auf einsamen Wegen vernimmt,
auf der Tagseite der Welt
und auf ihrer Nachtseite,
wo sie schön ist und wunderbar
oder schrecklich und rätselhaft.

Abseits gehen ist nötig.

Jörg Zink

Die Schöpfung achten

Großer Geist,
gib uns Herzen, die verstehen:
nie von der Schöpfung mehr zu nehmen als wir geben,
nie mutwillig zu zerstören zur Stillung unserer Gier,
nie zu verweigern unsere Hand,
wo es gilt, der Erde Schönheit aufzubauen,
nie von ihr zu nehmen,
wes wir nicht bedürfen.

Indianische Weisheit

Lernen von der Natur

Wo wir nur hinschauen, können wir
an der Natur lernen,
aber gewiss nicht die Selbstüberhebung,
sondern bescheiden es ihr gleichzutun.

Johann Wolfgang von Goethe

Wirklich sehen

Man sieht oft etwas hundert Mal, tausend Mal, ehe man es zum allerersten Mal wirklich sieht.

Christian Morgenstern

Wunder der Schöpfung

So vielfältig sind die Wunder der Schöpfung, dass diese Schönheit niemals enden wird. Die Schöpfung ist hier. Sie ist genau jetzt in dir, ist es immer schon gewesen. Die Welt ist ein Wunder. Die Welt ist Magie. Die Welt ist Liebe. Und sie ist hier, jetzt.

Indianische Weisheit

Kräfte aus Gott

An einem Ufer
stehe ich und sehe,
wie Gebirge am Himmel aufquellen
oder vergehen,
wie Türme von Wolken sich aufbauen.

Ich fühle die Kräfte,
die da am Werk sind.

Ich kann diese Energien nicht malen.
Ich kann sie nicht schildern,
auch wenn ich weiß,
wie es zugeht da oben.

Aber ich empfinde sie.
Ich kann stärker werden,
indem ich sie aufnehme.
Ich stehe ich einem Kraftfeld.
Ich lebe aus ihm.
Und ich weiß: Da sind Kräfte,
von denen unsere Schulweisheit
nichts weiß,
Kräfte aus Gott.

Jörg Zink

Zum Sehen geboren

Zum Sehen geboren,
Zum Schauen bestellt,
Dem Turme geschworen
Gefällt mir die Welt.
Ich blick in die Ferne,
Ich seh in der Näh,
Den Mond und die Sterne
Den Wald und das Reh.
So seh ich in allen
Die ewige Zier
Und wie mir's gefallen,
Gefall ich auch mir.
Ihr glücklichen Augen,
Was je ihr gesehn,
Es sei wie es wolle,
Es war doch so schön!

Johann Wolfgang von Goethe

Heiterer Himmel mit tiefem Blau

Heute ist weithin heiterer Himmel mit tiefem Blau, die Sonne scheint durch mein geöffnetes Fenster; das draußen schallende Leben dringt klarer herein, und ich höre das Rufen spielender Kinder. Gegen Süden stellen sich kleine Wolkenballen auf, die nur der Frühling so schön färben kann; die Metalldächer der Stadt glänzen und schillern, der Vorstadtturm wirft goldne Funken, und ein ferner Taubenflug lässt aus dem Blau zu Zeiten weiße Schwenkungen vortauchen.
Wäre ich ein Vogel, ich sänge heute ohne Aufhören auf jedem Zweige.

Adalbert Stifter

Selig

Schönes, grünes, weiches Gras.
Drin liege ich.
Mitten zwischen Butterblumen!
Über mir,
warm,
der Himmel:
ein weites, zitterndes Weiß,
das mir die Augen langsam, ganz langsam schließt.
Wehende Luft, … ein zartes Summen.
Nun bin ich fern
von jeder Welt,
ein sanftes Rot erfüllt mich ganz,
und deutlich spür ich,
wie die Sonne mir durchs Blut rinnt – minutenlang.
Versunken alles. Nur noch ich.
Selig.

Arno Holz

Das Leben als Bilderbuch

Die großen Fragen des Lebens interessieren mich nicht, und ich nehme das Leben, auch jetzt noch, am liebsten als ein Bilderbuch, um darin zu blättern. Über Land fahren und an einer Waldecke sitzen, zusehen, wie das Korn geschnitten wird und die Kinder Mohnblumen pflücken, oder auch wohl selber hingehen und einen Kranz flechten und dabei mit den kleinen Leuten von kleinen Dingen reden: einer Geiß, die verloren ging, oder von einem Sohn, der wiederkam, das ist meine Welt.

Theodor Fontane

Vergessen Sie nie:
Das Leben ist eine Herrlichkeit.

Rainer Maria Rilke

Lausche

Lausche aufmerksam auf die Geräusche der Natur,
auf deine eigenen Gedanken,
deine inneren Empfindungen,
auf deine Emotionen
und die Reaktionen der Umgebung,
ohne Gewalt,
mit Liebe und Verehrung.
Dann wird dein Geist sich öffnen
wie eine Blüte am Morgen.

Indianische Weisheit

Ich glaube

Ich glaube,
dass ich die Welt so erleben werde,
wie ich sie sehe.
Ich glaube an die Kraft des Glaubens.

Ich erlebe die Menschen so,
wie ich ihnen traue oder misstraue.
Ich bevölkere die Welt mit den Menschen,
die ich mir vorstelle.
Die äußere Welt
ist ein Spiegelbild meines Inneren.

Ich glaube, dass das, was ich glaube,
zuerst auf mich selbst zurückwirkt.
Und was ich glaube,
ist eine Frage der Entscheidung.
Ich wähle meinen Glauben,
meine Sicht der Welt, meine Einstellung.
Ich bin verantwortlich.

Ulrich Schaffer

Die Natur ist die große Ruhe

Die Natur ist die große Ruhe gegenüber unserer Beweglichkeit. Darum wird sie der Mensch immer mehr lieben, je feiner und beweglicher er werden wird. Sie gibt ihm die großen Züge, die weiten Perspektiven und zugleich das Bild einer, bei aller unermüdlichen Entwicklung, erhabenen Gelassenheit.

Christian Morgenstern

Zeit, den Himmel zu betrachten

Nimm dir Zeit, den Himmel zu betrachten, suche Gestalten in den Wolken. Höre das Wehen des Windes und berühre das kalte Wasser. Gehe mit leisen behutsamen Schritten. Wir sind Eindringlinge, die von einem unendlichen Universum und nur für kurze Zeit geduldet werden.

Indianische Weisheit

Wie Vögel am Himmel

Ich werfe meine Freude wie Vögel an den Himmel,
Herr, ich werfe meine Freude wie Vögel an den Himmel.
Die Nacht ist verflattert, und ich freue mich am Licht.
Deine Sonne hat den Tau weggebrannt
vom Gras und von unseren Herzen.
Was da aus uns kommt, was da um uns ist
an diesem Morgen, das ist Dank.
Herr, ich bin fröhlich heute am Morgen.
Die Vögel und Engel singen, und ich jubiliere auch.
Das All und unsere Herzen sind offen für deine Gnade.
Ich fühle meinen Körper und danke.
Die Sonne brennt meine Haut, ich danke.
Das Meer rollt gegen den Strand, ich danke.
Die Gischt klatscht gegen unser Haus, ich danke.
Herr, ich freue mich an der Schöpfung
und dass du dahinter bist und daneben
und davor und darüber und in uns.
Ich freue mich, Herr,
ich freue mich und freue mich.

Aus Westafrika

Lass das Steuer los

Entspanne dich.
Lass das Steuer los.
Trudele durch die Welt.
Sie ist so schön:
gibt dich ihr hin,
und sie wird sich dir geben.

Kurt Tucholsky

Stürze dich kühn
in die Fülle des Lebens.

Johann Wolfgang von Goethe

Es lebt nur der,
der lebend sich am Leben freut.

Menander

Quellenverzeichnis

Ferstl, Ernst In der Stille angekommen, ©beim Autor

Grün, Anselm In die Stille finden, S. 11/12, Claudius Verlag, München

Grün, Anselm Der Kern des Glücks, aus: Das Buch der Lebenskunst, Verlag Herder GmbH, Freiburg i. Br. 2013, S. 12, mit freundlicher Genehmigung von Verlag Herder GmbH

Grün, Anselm Alles ist in dir, aus: Das Buch der Lebenskunst, Verlag Herder GmbH, Freiburg i. Br. 2013, S. 13/14, mit freundlicher Genehmigung von Verlag Herder GmbH

Schaffer, Ulrich Die innere Weisheit, Ich glaube, ©beim Autor

Spilling-Nöker, Christa Deine Zeit ist das Geschenk, Sorge dich nicht soviel, aus: dies., Jeder Augenblick zählt, 2007, 2. Auflage. Mini, ©Verlag am Eschbach der Schwabenverlag AG, Eschbach / Markgräflerland

Spilling-Nöker, Christa Möge dein Herz von innen her beflügelt sein, aus: dies., Komm, mein Engel komm, 2009, 3. Auflage. Mini, ©Verlag am Eschbach der Schwabenverlag AG, Eschbach / Markgräflerland

Stutz, Pierre Himmelsleiter zum Alltag, Fürchte dich nicht, ©Pierre Stutz, www.pierrestutz.ch

Willms, Wilhelm weißt du wo. Aus: ders. der geerdete himmel, ©1974 Butzon & Bercker GmbH, Kevelaer, 7. Aufl. 1986, 12.19, www.bube.de

Zink, Jörg Im Vertrauen leben (redaktioneller Titel), aus: ders., Glauben heißt vertrauen, ©2009, Gütersloher Verlagshaus, Gütersloh, in der Verlagsgruppe Random House GmbH

Zink, Jörg Ich wünsche dir Glück, aus: Wo das Glück entspringt, Verlag Kreuz, Stuttgart 2001, S. 3, mit freundlicher Genehmigung von Verlag Herder GmbH

Zink, Jörg Ein Gefühl ist wie ein Kind (redaktioneller Titel), aus: Was bleibt stiften die Liebenden, Verlag Kreuz, Freiburg i. Br. 2008, mit freundlicher Genehmigung von Verlag Herder GmbH

Zink, Jörg Abseits gehen, Kräfte aus Gott, aus: Jörg Zink, Alles Lebendige singt von Gott. 8. Aufl., Stuttgart, Kreuz Verlag 1987, ©beim Autor